絃舞 최남섭 詩人 시집

바람의 길을 걷다

푸른 마음의 줄기 따라
하얀색으로 채색되어
보라색으로 물든 꽃잎에
노랑 나비 한 마리 내려앉는다
그 님 따라 너울너울
춤을 추고 싶나 보구나

시인의 말

수많은 날의 그리움이
눈물로 번졌던 날

달빛이 뱉어낸 한숨이
한가닥 바람으로 흩어진 날

별빛 내린 길 위에서
또다시
외로운 길을 걷는다.

2024년 여름
絃舞 최남섭

1부 길 위에서

10 길위에서
11 나비되어
12 꽃잎 위에 눈물
13 널 만나는 바람
14 백일홍의 그리움으로
16 별을 삼킨 사람
17 마른 바람으로
18 이젠 안녕
19 눈 같은 사랑, 눈물 같은 아픔
20 어디로 가야 하나
21 너라는 꽃
22 돌아갈 수 없는 사랑
23 하룻밤
24 오후 세시의 햇살
25 삶의 기도
26 소녀와 겨울 장미
27 내 인생 허수아비
28 바람처럼 가지말아요
29 가슴의 별
30 그대 향기는
31 창가에 비는 노래가 되어
32 보이지 않는 바람
33 남자의 향기
34 노을빛 속에
35 사랑은 멀어져도 가을은 남는 것
36 내일의 등대
37 별이 된 너에게
38 죽은 시인의 가슴에 바람이 분다

2부 너에게 시를 쓴다

40 너에게 시를 쓴다
41 또 다른 길
42 부엌
43 봄으로 간 사랑
44 이런 날
45 부는 바람에 그대 생각나면
46 봄날의 기도
47 새벽달
48 피어나고 씻겨지고
49 그대 안녕
50 계절
51 설은 마음
52 기다려지는 봄
53 눈물
54 좋은 날
55 가을빛 노래
56 이슬의 기억
57 생의 뒤안길
58 PM 15 : 30
59 봄아 안녕
60 지난 그리움
61 햇살 좋은 날
62 커피 키스
63 내 인생 봄날 어디쯤
64 커피에 그리움을 엮다
65 눈물꽃 속에 묻은 들꽃 향기
66 낙엽

3부 바람을 기다리는 꽃

68　바람을 기다리는 꽃
69　조각난 구름
70　끝나지 않은 노래
71　봄은 어디로 갈까
72　별아 안녕
73　시인이 시를 쓰고 기타치며 노래하네
74　사랑은 계절 속에 이별은 가슴속에
75　너의 그림자
76　월화의 노래
77　엄마를 기다리는 별
78　소녀의 그림자
79　그날 밤
80　황혼
81　산다는 것은 그랬다
82　타인의 빈자리
83　마른 풀잎에 바람은
84　마지막 인사
85　또다시 부는 바람
86　우리 먼 날에
87　아이와 별
88　그것 하나
89　뒤늦은 생각
90　이제야
91　그 사람
92　너에게 가는 길
93　경포의 달빛
94　내리는 비처럼

4부 겨울 마루

96 겨울 마루
97 눈물로 안녕
98 등을 기대는 밤
99 길 떠나는 가을
100 내게 오세요
101 못난 가슴이 비를 맞아요
102 걷는 밤
103 가을은
104 외로움이 외로워
105 별을 찾아서
106 날 위한 기도
107 오늘
108 바람에 실려온 구름은
109 그대 오시겠지
110 안녕
111 좋은 날에
112 숨같은 사랑
113 소녀야
114 나는 나일 뿐
115 사랑은 눈물
116 코스모스
117 너도 때로는
118 소리의 꿈
119 바다 오늘은
120 하늘이시여
121 빨랫줄
122 가을날 아침
123 길
124 이방인의 방
125 당신의 노래
126 밤비 같은 사랑
127 바람이 분다

봄

봄
네가 왔구나

얼음 골짜기
산비탈 너머
네가 왔구나

봄
기다렸던 봄
네가 왔구나

널 가슴에 안아본다

봄
네가 왔구나

1부 길 위에서

오늘은 어느 길위에서 살아야 하나
하늘의 흰구름 떠가는데
어둠의 별은 내리는데
나 길 위에 그렇게 서 있는데

길 위에서

마른 가지 찬서리 맞으며
서 있는 그대 누구입니까
휑한 바람에 벗겨진 채로
바람맞는 그대 누구입니까

먼 먼 어느 날 홀연히 왔다가
쓸쓸히 떠나버린 그대여
뜨거운 심장 내게 던져주고
떠나버린 그대여
긴긴날 나 어떡하란 말입니까

파란 하늘 쳐다보다 생각나 눈물짓고
어둠에 날갯짓하며 길을 걷는 사람이여
생의 굴레 속에서 빈 가슴 내려놓고
길을 걷는 사람이여

오늘은 어느 길 위에서 살아야 하나
하늘의 흰구름 떠가는데
어둠의 별은 내리는데
나 길 위에 그렇게 서 있는데

나비 되어

너의 얘기 바람에 들려올까
너의 사랑
구름에 실려 올까
눈 감아 본다

파란 하늘에
바람이 불어
구름이 내게 오면
어느 길 어느 곳에
서있어야 하나

부는 바람아
흐르는 구름아
지평선을 넘고
수평선을 건너
내게 오려마

바람이 건네는 얘기에
나는 잠이 들고
구름이 내 마음
덮어줄 때
나는 나비 되리라

꽃잎 위에 눈물

돌아갈 수 있나요
머무를 수 없나요

어둠은 시간을 타고
새벽을 지나가지만
나 어디로 가는 걸까

돌아갈 곳이 어디인지
내 머물 곳이 어디인지

머물다 떠난 사랑에
꽃들은 지고
떠돌다 걷는 발길에
새벽은 오지만

그립다 말하지 말자
외롭다 말하지 말자

돌아갈 수 없는 내 사랑은
꽃잎 위에 눈물을 떨군다

널 만나는 바람

꽃이 외로울 때
바람 한 점 불어오면
하얗게 노랗게 꽃잎이 춤을 추네

널 보고 싶어 하는 마음에
난 버스를 탔어
날 만나면 꽃잎처럼 너도 웃을까

살랑살랑 두근거리는
마음이 설레고 있어
널 만나는 시간은 다가오고
나의 발걸음이 커지고 있어

널 만나는 날이야
널 만나는 시간이야
입가를 맴도는 미소가
날 더욱 설레게 하네

이런 것이 사랑이야
이런 것이 행복이야

널 사랑해

백일홍의 그리움으로

거울의 눈으로 피어나
유월의 햇살로 가신 님

당신이 머물던 이곳엔
푸른 잎들이
싱그러움을 더 하고
새들의 노랫소리는
끊이지 않습니다

행랑채 뒤 뜰엔
실바람에 오죽들
사그락사그락 몸을 부대끼고
까만 어둠이면
별들의 노래로
새벽이 깊어만 갑니다

무엇을 주고 가셨나요
무엇을 놓고 가셨나요
밤늦도록
당신이 만들어낸 향기에 취해
시 한 편 쓰지 못하고
이른 아침 길 떠났던 방랑자

당신께서 뿌려 놓고 가신
어머니의 마음
그 향기에 취했던 것을
이제야 느끼며 불러 봅니다

어머니의 어머니
사임당이시여

그리운 마음
백일홍의 마음
가슴에 당신의 향기를 담아
내일의 바람이 되어
우리들 가슴으로 오시어
달빛의 사랑으로 품으소서…

별을 삼킨 사람

까만 밤 오면 별이 오듯이
바람이 불면 너도 올까

힘겨운 날에
빛이었던 사람아
까만 어둠에
별이었던 사람아

오늘도 그날처럼
밤길을 거닐고
저 멀리 그리운
하늘만 바라보네

세상에 제일
아름다운 것이
별이라던 너

나에겐 네가 나의 별이야
나의 별이여 나만의 별이여

별을 삼킨
나의 사람아

마른 바람으로

그대와 나 마른 바람으로 만나
눈물로 피었다 말하지 말아요

저 높은 하늘에 불어오는 바람이
그대일 거라 생각하지 않아요

멀고 먼 그 먼 훗날 그대와 나
등 돌려 멀어져 간다면
마른 바람에 내 눈물 적셔주리니
그대 눈물 흘리지 말아요

그대와 나 한 송이 꽃으로 만나
안개가 되었다 말하지 말아요

눈물로 피었다 떠나가는 사랑이
그대일 거라 생각하지 않아요

나 혼자만이 돌아선 그대를
죽을 만큼 사랑했다 말하렵니다

이젠 안녕

달빛도 창가를 지나서 내게 다가오지만
그 님은 어디로 갔을까

바람도 새벽을 지나서 내게 다가오지만
그 사람 어디로 갔을까

한마디 아무 말도 없이 떠나가 버렸네

새파란 하늘이 꽃들에게 내 사랑 본 적 있는지
물어보지만 고개만 젓네요

새까만 하늘이 별들에게
내 사람 본 적이 있냐고
물어보지만 눈물만 짓네요

사람아 사람아 내 사랑한 사람아
다시 와 주면 안 되나
가슴 아픈 사랑은
이제 안녕이고 싶어요

가슴 아픈 사랑은
이젠 안녕

눈 같은 사랑, 눈물 같은 아픔

하얀 눈 내려와 얼굴을 덮으면
눈물 되어 내 볼에 흐르네
사랑의 아픔은 눈으로 내려와
이 가슴에 상처로 남았네

상처 난 가슴에 눈물만 흐르고
미련 없이 떠나간 그 사람
떠나버린 이유도 묻지 못하고
말라버린 눈물 자국만 남았네

아~하얀 눈 같은 사랑이여
아~ 하얀 눈물 같은 아픔이여

파란 하늘에 눈은 내리는데
하얀 눈물이 가슴 적시네

어디로 가야 하나

낯선 어둠을 버리고
낯익은 그리움 끌어안고
내 몸을 숨긴다

소리 없는 시간은
남은 나를 버리고
혼자서 달아나고

갈 곳을 잃어버린
어린아이처럼
멍하니 하늘만 봅니다

어디로 가야 하나요
어디로 가야 할까요

저 멀리 북극성 불을 밝히고
부는 바람은 등을 떠밀고
가는 발길이 무겁기만 한데

달빛에 그림자 길어만 가고
발밑에 바람은 갈 길을 가네

너라는 꽃

마음의 담장을 넘어
피는 꽃 너라는 꽃
햇살 받으며 바람의 길로
피어나는 꽃이여

지난날 그리움 속에
피는 꽃 너라는 꽃
눈물 속에서 그리움으로
피어나는 꽃이여

밤새워 흘렸던 눈물로
싹을 틔우고
뜨거운 가슴에 미소로
꽃을 피웠네

지나는 바람 속에
피는 꽃 너라는 꽃
가슴속에서 젖은 눈물로
피어나는 꽃이여

꽃, 꽃이여
너라는 꽃이여

돌아갈 수 없는 사랑

이제 와 그리워하면 무얼 할 수 있나
다시 돌아갈 수 없는데
이제 와 보고파 하면 무얼 할 수 있나
다시 사랑할 수 없는데

사랑아 사랑아
그립고 보고픈 사람아
너를 다시 안을 수 없는
내 사랑은 바람을 안는다

이제 와 만나려 하면
만날 수가 있나
다시 만날 수가 없는데

지나간 모든 것들
그리움인데
발길 되돌릴 수 없는데

사랑아 사랑아
그립고 보고픈 사람아
너를 다시 안을 수 없는
내 사랑은 바람을 안는다

하룻밤

하얀 등 야위어진 어깨 뒤로
어둠이 지나고 새벽이 오면
나는 떠나네

내 품에 잠들었던 그대를
홀로 남겨두고 먼 길을 돌아
나는 떠나네

잊어라 잊어버려라
지워라 지워버려라
뜨겁게 타올랐던 불씨는
언젠가는 꺼져가리니
잊고 지워라

어둠에 별처럼 빛나던 사람
봄날의 꽃처럼 향기롭던 사람
구름에 가려지고 바람에 지워지니
잊고 지워라

내 영혼은 바람 따라 떠났으니

오후 세시의 햇살

오후 세시의 햇살 너의 모습일까
비치는 햇살이 너 같아 너무 예뻐
창밖의 바람 차가워도
햇살 같은 너 따사롭기만 하네

햇살 담은 커피의 향기
너의 향기인 듯
나를 설레게 하고

나를 둘러싼 햇살
너의 향기 두 눈 감고있어도
느껴져

아 오늘 같은 날이야
설레는 마음이야
아 오늘 같은 순간이야
행복한 사랑이야

오후 세시의 햇살
오늘도 너를 향해 비추고 있어

널 닮은 사랑이…

삶의 기도

고뇌 앞에 머리 숙이고
고독 앞에 무릎을 꿇으며
눈물 떨구는 이 밤
헤아릴 수 없이 수많은 내 안의 나
싸우고 또 싸워 얼마만큼의 나를 죽여야
내가 살 수 있을까

내 안의 것들이 두더지처럼
불쑥 솟아났다 사라지고
봄날 아지랑이 피어나듯
스멀스멀 피어올랐다가
새들의 호흡처럼
멀어지고 사라져 갈 때

긴 어둠 속에서 별빛을 타고
피어나는 야화 앞에
나는 또다시 무릎 꿇고
삶의 기도를 한다

바람 속에 잊혀지고
꽃잎 위에 눈물 떨구는
나를 위하여…

소녀와 겨울 장미

겨울이 가던 어느 날이있어
손에 든 장미 꽃잎이
바람에 떨리던 날이었지

너의 웃는 모습이 너무나 사랑스러워
식어가는 커피에 얼굴만 바라보았네

무슨 말을 했는지
어떤 말을 했는지
기억도 나지 않네

버스를 기다리며 두 손을 잡고
다시 보자던 그 말, 바람에 지워져 버리고
너를 태우고 떠난 버스도 사라졌지만

돌아설 때 불던 바람에
눈물 흘렸던 그날을 난 잊지 못해
계절이 돌고 돌아 다시 그 계절에
이렇게 서 있지만
떨리던 장미 꽃잎은 말라 버렸네

내 인생 허수아비

저 넓은 풀밭
허수아비 엎어져 잠을 자네
누가 일으켜 주나
누가 세워 주려나
나는 저 풀밭 허수아비

뜨거운 태양 아래 홀로 서서
두 팔 벌려 뜨거운 삶을 안았고
비바람 하늘 아래 홀로 서서
외로움을 견뎌냈다

그 누가 알아주겠는가
이것이 내 삶인 것을
그 누가 안아주겠는가
이것이 내 인생인 것을

버티고 이겨내며 살았네
이제는 쉬려 하네

그래도 행복했다
그래도 즐거웠다
내 인생아

바람처럼 가지 말아요

스치고 지나가는
당신은 바람인가요
머물다 돌아서는
당신은 눈물인가요

바람처럼 내 곁을
스치고 가지 말아요
내 가슴에 눈물을
뿌리고 가지 말아요

이렇게 당신 떠난다면
이렇게 당신 돌아서면
이제 남이잖아요

눈물뿐인 상처만
가슴에 남겨 놓고
바람처럼 가지 말아요

내 삶의 전부였던 당신
떠나지 말아요

가슴의 별

돌아온다 약속 없이
아무런 기약도 없이
묻어두고 떠나버린
사람이여

서로의 가슴에서
끌어안고 살아가다
어느 날 어느 별에서
우리 다시 만날까

흔들어 몸부림쳐도
소리쳐 불러보아도
메아리도 이제는
들리지 않네

달빛 구름 사이로
새벽 별 빛나면
나 찾아가리라
그대 찾아가리라

그대 향기는

창 밖에 내리는
빗방울 하나둘
계절에 젖어 가고
그대와 마시던
차 한 잔이
생각납니다

흐르는 빗물은
노래되어 흐르고
홀로 남은 이 공간은
추억으로 갑니다

계절이 물든 하늘에
추억은 비에 젖어
눈물로 흐르고
남아있는 계절도
떠나는 것인가요

돌아선 그대 향기
빗소리에 멀어져 갈 때
못 다 마시던
차 한잔은 식어만 갑니다

창가에 비는 노래가 되어

창가에 비는
그리움 되어 내리고
추억은 슬픈 음악이 되어 흐르네

누구를 추억하나
비 오는 날에
누구를 잊으려 하나
멜로디 속에

풀려버린 태엽 감아보지만
흩어지는 시간 찾을 수 없네

어느 날 떠오르는 아련한 기억들이여
이제는 지나버린 추억이 되었네

가슴에 남아 흩어지는 지난날이여
빗물에 씻겨 지워지는 기억들이여

창가에 비는
노래가 되어 흐르고
나 홀로 맞는 어둠은
눈물로 흐르네

사랑의 기억은
밤비가 되어 내린다

보이지 않는 바람

눈을 뜨면 보이지 않고
두 눈 감으면 보이는 바람이여
그대 닮은 바람이여

잡으려면 잡히지 않고
가슴으로 담아야 하는
보이지 않는 그대는 바람이여

바다의 향기를 담고
꽃들의 향기를 담아
내 가슴에 불어와
그리움 떨구어 놓고
불어가는 바람이여

빗소리에 눈감으면
그대처럼 보이는
그대는 바람
보이지 않는 바람이여

오늘도 은하의 달빛 사이
바람이 지나간다

남자의 향기

비가 내린다
하루만 살 것처럼
달려온 외로운 인생에
오늘은 비가 내린다

삶의 짐을 혼자서 짊어진 듯
세상의 비를 맞으며 홀로 걷는다

외로운 눈물 빗속에 우는 생이여
외로워도 인생이고 눈물 나도 인생이다

고개를 들고 어깨를 펴라
내 인생에 비가 내려도
밤엔 별이 뜨고
내일은 해가 뜰 테니까

너와 나의 인생에 꽃씨를 뿌리고
남자로 살아가는
인생에 향기를 날려보자

한 남자의 인생에
아름다운 향기를

노을빛 속에

들꽃에 석양이 진다
너의 모습처럼
내 가슴에 사랑이 진다
저 노을처럼

머물다 사라질 바람도 아닌데
넌 내 가슴에 머물러 꽃 피웠지
솜털 같은 꽃망울 터트려 내게로 와
노을빛 석양처럼 사라져 가네

사랑아
아! 사람아 사랑아
꽃이여
아! 가슴속 꽃이여
노을빛 속에 머문 내 가슴속 사랑이여
이 노을 지면 어둠 오는데 나 어떡하나
어둠 속에 내 가슴은 비가 내리는데
그리움에 내 가슴은 꽃이 지는데

나 생각하리라 나 기억하리라
긴 긴 어둠이 찾아와도 비가 내려도
노을빛 속에 머문 내 사랑을 간직하리라

사랑은 멀어져도 가을은 남는 것

봄날의 햇살로 오는
사랑하는 사람이여
가을의 낙엽으로
가버린 사랑이여

우리는 어디에 있나
어디에 이렇게 있나
푸르던 잎들이 이젠
낙엽이 되어 날리네

"우리는 어디서 시작을 하고
어디서 이별을 하나
5월의 햇살에 눈부심으로
그대를 사랑하고
11월의 낙엽으로 눈물짓는
내 사랑이여 안녕"

뜨거운 가슴으로
밤하늘 별을 보고
두 줄기 눈물로
그대를 보내네

사랑은 멀어져도
가슴에 남아있고
나뭇잎 떨어져도
가을은 남아있네

내일의 등대

머리 위 하늘의 높이를 알까
아무도 알 수가 없어
저 깊은 바닷속 넓이를 알까
내 마음 알 수가 없네

외로운 등대야 너는 알까
깊은 마음의 속 뜻을 알까
누구도 알 수가 없어
그 마음 알 수가 없네

어둠을 외로이 서서
이 밤을 지키는 등대여
말없이 저 홀로 서 있는
너는 내 맘을 알려나

길고 긴 시간 속에서
등대에 불을 밝히자
길고 긴 어둠 속에서
내일을 노래하자

우리 이제 사랑을 노래하자

별이 된 너에게

노을이 물들어 잠이 들면
어둠이 세상을 덮어 가고
지친 하루가 저물 때면
끝없이 생각이 나는 너

수많은 시간이 지나
계절이 돌고 돌아도
하루도 단 하루도
너를 잊은 적이 없고
오늘도 저 노을 건너
별이 된 너를 생각한다

내 모든 사랑 다 주었어도
잊을 수가 없고
지나치는 시간 속에
나는 이렇게 서 있지만
너를 잊을 수 없다

지울 수 없는 사람
내 고운 사람아
별이 된 사람아

오늘도 너에게 편지를 쓴다
별이 된 너에게…

죽은 시인의 가슴에 바람이 분다

너를 향하여 노래 부르던
내 마음이 젖어있구나
너를 향하여 글을 쓰던
내 가슴이 울고 있구나

슬퍼도 울지 못하는 마음
노래되어 밤을 날고
눈물 나도 울지 못하는 가슴
글이 되어 별이 되었네

바람은 눈물이 없어
구름을 불러오고
새벽은 소리가 없어
바람을 불러오네

젖은 노래는 가슴을 타고
시인의 글은 별이 되고
나는 저 어둠 속 구름 지나
새벽바람으로 갈 때

죽은 시인의 가슴에
바람이 분다

2부 너에게 시를 쓴다

별들이 바다를 건널 때
미소 짓는 그리움
너를 향해 있고
난 오늘도 별빛 아래
너에게 시를 쓴다

너에게 시를 쓴다

파랗던 하늘이
수줍어 물들어가고
어둠으로 잠이 들 때
나는 별빛 아래서
너에게 시를 쓴다

자그마한 그리움이
어둠을 날아 바람이 되어
환한 별빛으로
너에게 미소 짓고
걷는 발걸음은
너를 향해 걷는다

너는 알고 있을까
널 사랑하는 내 마음을
너는 알고 있겠지
널 그리워하는 이 마음을

별들이 바다를 건널 때
미소 짓는 그리움
너를 향해 있고
난 오늘도 별빛 아래
너에게 시를 쓴다

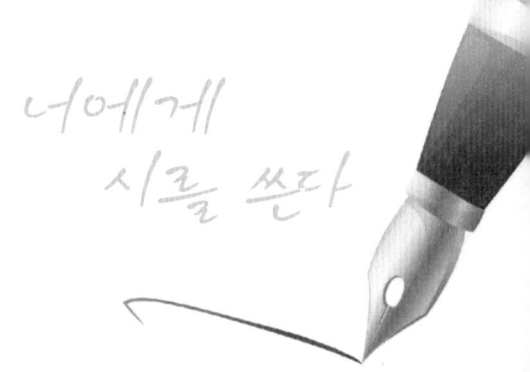

또 다른 길

시간은 계단을 올라가고
추억은 내려가 돌아갈 때

멈춰버린 괘종시계는
잊어버린 꿈이었나

기억이
빗장 열어 길을 나설 때

첫발은 겨울의 흰 눈이었다

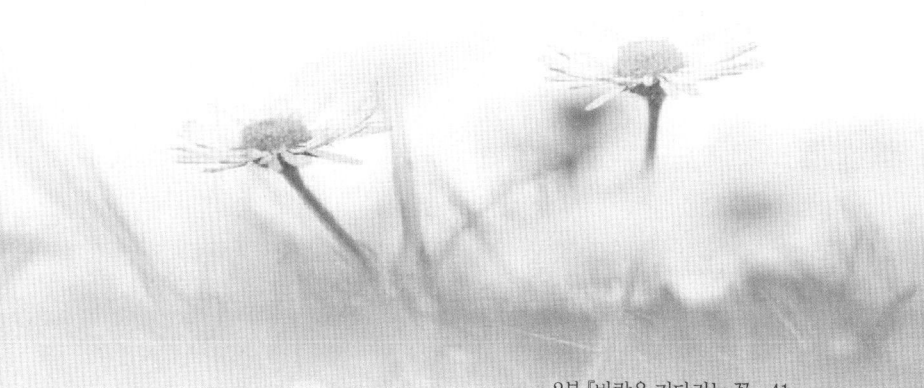

부엌

부엌에서 할머니가
석유풍로에 밥을 안치고
한쪽 가마솥에 소 저녁거리
여물을 데우고 있다

부뚜막 구석진 따신 곳엔
나비가 웅크리고 두 눈 껌벅인다
할머니가 노란 양재기에 챙겨준
밥그릇을 싹싹 비우고 졸리나 보다

풍로에서 익어가는 밥 냄새가
부엌 한가득이다
세상에서 제일 좋은 냄새
오늘도 난 은비녀 꽂은 할머니의
밥 냄새를 맡으며
눈 내리는 마당을 내다본다

겨울이 포근히 젖어든다

봄으로 간 사랑

봄도 가고 그대도 가네
봄처럼 따스했던 사람
내 곁에서 멀어져 가네
이젠 돌아올 수 없는 길로
그대는 봄처럼 떠나가네

봄처럼 피어나
꽃처럼 떨어지는
내 사랑이여 이제는 안녕

계절은 시간 여행을 하고
이 공간 속에 남아있는 난
당신 없는 추억 여행을 하네

저 꽃잎 지고 낙엽 지면
그대 기억도 떨어지려나
사랑은 멀어져 갔어도
그대 향기는 남아 있는데

먼 훗날 먼 훗날 그대
사랑 다시 만나려나

이런 날

지랄 맞게 좋은 날씨
참으로 징그러운 날
이런 날은 뭘 해도 좋은 날

잔뜩 밀린 빨래를 할까
음악 들으며 산책을 할까
밀린 잠이나 잘까

오늘은 뭘 해도 좋은 날
햇살이 너무도 이쁜 날
바람이 너무도 고운 날

이런 날 상상만 해도
좋은 날

부는 바람에 그대 생각나면

그대가 잠든 유리창에
사랑해 말하고 돌아서 갈 때
별빛은 바람을 타고
어두운 밤을 흘러내리고
난 하염없는 밤길을 걷기만 하네

부는 바람에 흔들리던 촛불은
눈 감은 사이 꺼져 버리고
캄캄한 방에서 그대 생각만 하다
한줄기 눈물 가슴으로 떨구네

이룰 수 없던 사랑이여
잊을 수 없는 사랑이여
우연처럼 운명처럼 다가온 사랑
나 이제 떠나보내야 하네

아픔은 아픈 데로 간직을 하고
사랑은 사랑대로 간직해야 해

오랜 시간이 흘러 먼 훗날
부는 바람에 그대 생각나면
오늘같이 별들이 반짝이는
저 밤하늘 바라보겠지

봄날의 기도

긴 겨울 지나 찬바람 떠나고
따스한 햇살 내게로 비치네

새들의 노랫소리 들리는 아침
햇살은 눈이 부시도록 곱구나

창문을 열어 보니 싱그런 냄새
이슬 머금은 풀잎의 향기가
내 가슴속으로 스며 오네

나도 모르게 두 눈 감고
두 손 맞잡고 기도를 하네

싱그런 아침 햇살 사이로
내 기도는 봄을 타고 흐른다

햇살에 꽃들은 방긋이 미소 짓고
바람에 춤을 추며
내 기도는 노래를 하네

아! 봄이여... 아! 내 기도여
봄날에 당신께 드리는 기도여

새벽달

어두운 밤 저 높은 하늘
저 달 아래 님 오는 길
두 손 빌어 불을 밝히고
이제 오나 저제오나
기다림만 늘어가네

새벽 그림자 길어지는데
내 님 그림자 보이지 않고
님 오시는 길 달빛 환한데
내 님 모습은 보이지 않네

저 달 아래 임이 오시려나
새벽달 넘어가면 오시려나
내 님 모습 보이지 않고
산 넘어 새벽달이 지네

피어나고 씻겨지고

꽃이 피는 날
숨겨왔던 내 사랑도
꽃처럼 피어나길 바래

비가 오는 날
아파했던 내 마음도
비처럼 씻겨가길 바래

햇살에 내 사랑 꽃이 피고
비에 아픈 상처 씻겨가네

아.. 꽃이여 피어나라
내 사랑으로 피어나라
아.. 비야 쏟아져라
내 아픈 추억 씻어가라

사랑은 내 사랑은 꽃으로 피어나고
아픔은 내린 비로 씻기워 떠나가리

그대 안녕

지난밤 꿈속에
당신은 눈물을 보였죠
울지 말아요 슬퍼 말아요
이내 가슴 찢어지는데
나 어떻게 돌아서서 가나요

이제 안녕이라 하네요
뜨거웠던 입맞춤도
타오르던 사랑도
저 바람 속으로 던져야 하나요

아~뜨거운 사랑이여 안녕
아~가슴속 사랑이여 안녕

흐르는 눈물도 행복했던 미소도
이제 이제는 안녕

계절

가을 낙엽으로 만나
하얀 눈꽃을 피웠고

봄날의 꽃으로 살다
바람으로 간다

삶은 계절이었고
떠나가는 영혼도
계절이었네

그대
내 안에 영혼의
계절로 남으리

설은 마음

설은 바다에 마음 던지면
파도가 삼켜 버릴까
설은 하늘에 가슴 던지면
구름이 품어 버릴까

바다에 갈매기 울고
하늘에 구름이 운다

설은 바다야
설은 하늘아
내 마음 삼키고
이 마음 품어라

오늘도 설은 마음에
꽃 한 송이 건네준다

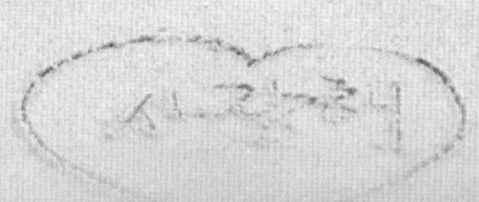

기다려지는 봄

봄 오면 네가 올까
기다려지는 봄이야

햇살이 눈부시게 좋은 날
내 곁으로 와줄까
기다려지는 봄이야

파란 하늘에 하얀 구름 걸리고
파란 하늘에 너의 바람 불어오는
기다려지는 봄이야

봄 오면
꽃망울 이슬로 자라나
햇살 속에 꽃 피어
바람에 한들한들 춤을 추렴

봄
기다려지는 봄이야

눈물

달빛이 뿜어낸 한숨 속에
어둠은 점점 더 짙어진다

가녀린 바람 속의 눈물
그 속으로 떨어지는 별은
더 깊이 잠들어 가며
깨어나지 못할 꿈처럼
깊고 깊은 곳에 숨어 버렸다

그대를 향해 빛나던 별이 사라진 밤

한줄기 흐르던 그대의 가슴속 아픔은
눈물 속으로 떨어지는 별이 아니었을까

좋은 날

날씨가 좋다
파란 하늘이 참 좋다

바람에 안단테로
흘러가는 구름이 좋은 날

젖은 마음도
걸어 놓으면 잘 마를 것 같은
좋은 날

가을빛 노래

앞마당 국화꽃
몽실 피어오르는 구름
지나가는 바람의 나그네에
꽃잎은 두리번거리며 춤을 춘다
가을은 꽃향기 유혹에
바람이 노래되어 깊어가고
왈츠에 흐느적거리고
탱고에 허리를 돌려가며
가을은 음률에 젖어 간다
낯익은 색소폰 소리는
꽃잎을 지나 바람 사이를 파고들어
가을의 노래를 더해가고
하늘빛은 더없이 가을이다

이슬의 기억

빛은 사라졌다
그림자도 덩달아 사라졌다

하늘엔 흩어져가는
구름이 뱉어낸 한숨일 뿐
별빛은 그저 어느 한쪽 구석에서
찬바람에 웅크릴 뿐이다

검은 그림자 발 끝을 덮고 갈 즈음
눈물은 풀잎 위를 뒹굴고 출렁이다
깊은 그곳 어딘가로
사라져 간다

아무도 모르게
아니 그 누구도 기억하지 않는다

생의 뒤안길

노을 진 언덕에 바람꽃 하나
툭 떨어지듯 그렇게
별 하나 바람결에 떨어진다

어디서 왔던가
어디로 가는가
우리네 생처럼
우리네 삶처럼
별 하나 사라진다

아.. 외마디만 나올 뿐
다시 별을 볼 뿐이다

사라진 대도
슬픔은 바람결에 묻힐
우리네 이야기
생의 뒤안길 바람만이 부는구나

PM 15 : 30

희뿌연 창 너미로
푸르뎅뎅한 하늘이 걸린
PM 15 : 30

건너편 아파트 꼭대기
피뢰침 사이로 바람이 지나고
벽에 삐뚤게 걸린 시계는
어느덧 그 시간이다

집안의 냉장고 돌아가는
소리만 들릴 뿐
아무 기척도 나지 않는 시간

무엇을 기다리는 걸까
누구를 기다리는 걸까
시계와 전화기만 번갈아
쳐다볼 뿐

하늘은 점점 더 낮게 내려오고
마음은 어느새 바닥을 치는 듯
풀이 죽어간다

오늘도 조용한 PM 15 : 30
내일의 기다림으로 가는
PM 15 : 30

봄아 안녕

겨울의 끝자락 나른한 오후
봄기운의 햇살 하나가
내 앞에 툭 떨어진다
두 손으로 받쳐 드니
봄이 내게로 왔다

쳐다본 하늘에 구름도
한 조각 유유히 흐르고
바람이 귀에 속삭인다
봄이야 라고

싱그런 오후 햇살에
눈물이 난다
바람이 일러주고 간
귓속이 간지럽다

지난 그리움

이쯤의 시간에서
저만큼의 세월을 건너다본다

몇 발자국 걸어왔을까
짧은 세월 사이에서
긴 시간을 거슬러 가본다

순수로 물들었던 미소는
저 뒤에 물러나 있다
말없이 돌아섰다

새벽녘
그리움 한 조각
머무를 곳 없어
어둠을 떠다닌다

햇살 좋은 날

은행잎 하나
단풍잎 하나를 주워
깨끗이 씻었어

네가 오는 창가에
매달아 놓았어

보이니
내 마음도 이쁘게 물들어
널 기다리는 걸

햇살 좋은 날
네가 왔으면 좋겠다

키스 커피

달짝지근함이 묻어난다
키스의 그 맛처럼
새벽녘 커피 한잔이
키스 맛이다

조용한 어둠과 바람에 묻어온 향기와
키스맛 같은 커피 한 잔
어둠에 실려오는 바람 속에
묻어나는 그 맛 그 향기

내 몸속 피부 속으로 스며드는 내음
잔잔한 어둠의 호수에
작은 물결 이르며 내 심장을 뛰게 한다
키스의 짜릿함과 달콤함으로

내 인생 봄날 어디쯤

어디쯤일까
사각사각 갉아먹은 내 인생의
흐르는 시간 세월들
계절이 계절을 둘러싸고 밀어내며
시간이 세월을 지난다

바람을 타고 흐르던 향기는
빗줄기에 묻어 바닥에 널브러져
나뒹굴다 어느 사이 흩어지고
휑한 가지 사이 어느새 잎새가
더 푸르며 커졌다

봄날은 갔을까
아니면 봄날 어디쯤일까
인생은 계절 속 깊숙이
향기를 뿌리며 걸어간다

내 인생 봄날 어디쯤일까

커피에 그리움을 엮다

낮과 밤의 경계 속에
커피잔을 든다
웅웅 거리는 히터소리에
나지막이 들리는 음악
잔 속에서 씨꺼멓게 우러난 커피를
꿀꺽꿀꺽 목 넘김을 시작한다
뜨끈한 액체가 목구멍을 지나
가슴속 관 속을 타고 흐른다
너무 뜨거웠던가
가슴을 쪼인다
가슴속 훑고 지나가는 커피처럼
내 뜨거웠던 지난날의 청춘
이 커피와도 같았던 시절
세월의 흐름 속에 나도 곁을 지나왔고
또 흘러가지만 지나간 것은 그리움
그렇게 커피는 그리움을 엮는다..

눈물꽃 속에 묻은 들꽃 향기

나 떠난다고 미워하지 마
나 지금 떠나는 건
너에게 다시 돌아가기 위해서야

우리에게 이별은 없을 거야
너를 향한 내 사랑밖에 없어
잠시 이렇게 떠나는 이 순간도
눈물꽃이 피어나는데
나 어찌 네 곁을 떠나겠니

조금만 아주 조금만 기다려줘
네 곁으로 돌아오는 날
들꽃 향기 가득한 미소로
바람에 묻어 네 곁으로 올 거야

눈물꽃 속에 묻은
들꽃 향기 가득한 사랑으로...

낙엽

사그라사그라
아스팔트 위를
뒹구는 낙엽

가슴으로
쌓여 간다

지친 마음
긁어 주는 소리런가
쓰린 마음
가슴 후비는 소리런가

어디선가 웅 하는
바람 소리 나면

내 가슴에
사그락사그락
쌓이는 낙엽

3부 바람을 기다리는 꽃

오늘도 내 맘같이 기다리는 꽃
바람을 기다리는 꽃
내 임을 부르는 넌
하얀 민들레 꽃이어라

바람을 기다리는 꽃

후~ 불면 넌 어디로 갈 거니
바람 따라가는 꽃 하얀 꽃이여

후~ 불면 넌 어디로 갈 거니
햇살 가득 안고 핀 하얀 꽃이여

길고 긴 세월을 하나같이
계절 속에 아름답게 피어나
저 바람 따라 저 햇살 따라
춤을 추며 날아가네

오늘도 내 맘같이 기다리는 꽃
바람을 기다리는 꽃
내 임을 부르는 넌
하얀 민들레 꽃이어라

보고 싶은 내 임 기다리는
임 닮은 바람을 기다리는 넌
하얀 민들레 꽃

조각난 구름

휘몰아가는 바람에
구름은 갈피를 못 잡고
흩어지고 흩어진다

어둠은 갈 길을 가고
하늘의 모든 것들은
제자리를 지키고
바람만이 모든 것 쓸어버릴 것처럼
그렇게 구름을 휘몰아 간다

흩어지는 구름은 조각되어
어디서 만날 것을 약속도 못 한 체
그렇게 어둠의 바람에 흩어져
나뒹굴며 길 떠난다

어디로 가느냐
어디로 떠나느냐
질문에 답 못하고 그저 구름은
휘몰아치는 바람에 밀려
어디로 가는지 모를 길 떠난다

끝나지 않은 노래

그날 밤 그대 부르던 노래
아직도 내게 남아 있는데
끝나지 않은 그대 노래를
날 위해 들려줄 수 없나요

노래는 끝나지 않았는데
아직도 그 노래 들리는데
그대는 어디로 가셨나요

가슴에 바람은 불어오는데
가슴에 그대는 남아있는데
나 홀로 남겨놓고 떠난 그대
어디로 어디로 가셨나요

사람아 미워할 수 없는 사람아
날 위해 부르던 노래를
멈추지 말아 주세요

사랑아 미련 없이 떠난 사랑아
날 위해 부르던 노래를
끝나지 않은 노래를

봄은 어디로 갈까

봄
살포시 눈 내린 겨울을 야금야금 먹어가며
어느샌가 눈 속에 싹을 틔워가며
겨울을 밀어내고 봄이 왔다

이른 아침 햇살 하나가 창을 뚫고 내 이마를 짚을 때
창문을 여니 싱그런 아침의 향기와 함께 낯설지 않은
내음이 들어온다

봄이다
꽃 몽우리가 여인의 가슴처럼
부풀어 오르다 활짝 피어난다
온 세상이 노랗게 하얗게
붉은색으로 덮여있다
그렇게 봄이 머물렀다

어느 날 아침 이슬의 무게마저 견디지 못한
꽃잎들이 툭툭 힘없이 떨어지고 있었다
아.. 봄이 가는구나
그렇게 또 한 계절이 가는구나

계절이 계절 속에 잊히고 묻어가며
또다시 봄은 오겠지만 봄은 어디로 떠났다가 오는 걸까

봄은 어디로 갈까

별아 안녕

여기저기 불빛들
하나둘 켜질 때 초승달이 졸다
기지개를 켜며 빼꼼히 고개를 내민다

동네 어귀에서 놀던 별들
하나둘 불 밝히며 제자리를 찾아가고
바람이 서 있는 나를
툭툭 치며 거기서 뭐 하느냐며
힐끔 쳐다보고 지나간다

난 거기서 뭘 하고 있었을까
어디에도 어울리지 못하고
끼지도 못하며 두리번거리고 있었던 것이다

어둑해진 하늘
별 하나 깜박이며 안녕하며
내게 인사를 한다

별은 미소로 안녕
나는 눈물로 안녕하며 돌아간다

시인이 시를 쓰고 기타치며 노래하네

오늘도 시인이 시를 쓰고
기타 치며 노래를 하네

밤새 쓰러진 가슴 안고
눈물을 흘리던 사람
그 사람은 어디로 갔나
아침 햇살에 어디로 갔나
커피향기 날리는 창가엔
기타를 치며 노래하는 사람만 서 있네

지난밤 얼룩진 종이 위에
써 내려간 눈물의 글 들은
어디에 누워 잠을 잘까
누구의 쓴 사연인지 몰라도
오늘 아침 햇살은 따사롭기만 하네

시인이여 펜을 들어라
시인이여 노래를 하라
까만 밤 눈물 속에도
햇살은 비추리니 멈추지 마라

오늘도 시인이 시를 쓰고
기타 치며 노래를 하네

사랑은 계절 속에 이별은 가슴속에

같이한 시간보다
함께한 마음 아파와
쓰린 가슴 달래며
바람에 눈물을 말린다

돌아누우면
텅 빈 자리가
허무함에 몸 웅크리고

돌아다보면
뒤에 있을까
이내 가슴은 설레이네

잊으라 하면 생각나겠지요
생각이 나면 돌아보겠지요
그대 만난 계절에
그대 떠난 계절에
그 바람이 불면

사랑은 계절 속에 물들어 가며
이별은 가슴속에 새겨져 가네

너의 그림자

같이 걷던 그림자는
어디로 갔을까
닮아있던 두 사람은
어디로 갔을까

하얀 햇살이 시리도록 부서지던 날
하얀 구름이 흩어지는 바람 불던 날

한적한 거리의 사람들
모두가 사라져 버리고
긴 그림자 하나만 남았네

터벅터벅 걷는 그 길에
너의 향기 바람에 날리고
시리던 두 눈은 젖어 버렸네

너의 그림자는 어디로 갔나
손잡고 거닐던 그 길은
아직도 그대로인데

너를 닮은 그림자 위로
너의 향기 바람에 흩어지네

월화의 노래

꽃잎의 눈물 속 편지는 나비의 아픔인가요
가슴속 부서진 달빛은 하늘의 바람인가요

우리의 인연이 거기까지라
말하지 말아 주세요
우리 사랑이 그리도 짧을까
생각지 말아 주세요

그대와 나의 인연을
세상이 갈라놓는다 해도
저 하늘이 우리의 사랑을
버리지 않을 거예요

그리운 그대는 어디 있는지
내 마음 듣고 있는지
나의 마음을 냇물에 띄우니
어서 내게로 와주세요

그대와 나의 인연을 세상이 갈라놓는다 해도
저 하늘이 우리의 사랑을 버리지 않을 거예요
우리 이렇게 영원히 사랑하고 있으니

엄마를 기다리는 별

맹꽁이 울음소리에
밤은 깊어 가고
산자락 걸터앉은 바람
잠시 쉬어 갈 때

스산한 바람 불어오고
별들이 반짝일 때
누구를 기다리나
하늘만 바라보네

저 외로운 별
길을 잃었나, 빛을 잃었나
혼자서 울고만 있네

너도 지금의 나처럼
엄마를 기다리나
외롭게 혼자 있구나
혼자 울고 있구나

산등성이 너머로
불어오는 바람에
엄마를 기다리는 별

소녀의 그림자

골목길 담장 너머로
풍금 소리 들릴 즈음
바람이 쓸고 가버린 골목엔
긴 긴 추억의 그림자

하얀 얼굴의 긴 머리 소녀
하늘색 치마 나풀거리며 앞서 가고
쭈뼛쭈뼛 사내 녀석 저만치 뒤에서
바람에 날려온 그녀의 머릿결 비누 향을 맡는다

들킬세라 조심조심 고개 떨구고
주머니에 양손을 꽂은 채
두 눈은 그녀의 뒤를 보며 말없이 걷는다

걷던 그녀 뒤돌아보면 어떡하지
말 걸어오면 뭐라 할까
이 생각 저 생각에 머릿속은 온통 소녀다

가슴 가득 설레는 수줍은 아이의 모습이
소녀의 뒷모습 그림자에 햇살로 간다

그날 밤

당신의 살 냄새를 맡으며
온 밤을 날아다니던 날들
기억만 남겨놓고 바람처럼 떠나갔다

뜨거운 폭풍처럼 거세게 몰아쳤던
그 밤은 지나가고 흩어진 기억 속에
싸늘히 식어가는 건 빈 가슴뿐

텅 빈 밤이 찾아오고
기억은 또 거슬러 올라가고
내 몸은 비틀거리며
벌거벗은 몸으로
이곳저곳을 헤집는다

기억 때문인 내 온몸이
땀으로 젖고서야
축 늘어져 한숨을 뿜어낸다

쓰러진 기억 사이로
눈 뜬 아침 나를 찾기 위해
주섬주섬 옷을 입는다.

황혼

푸르렀던 청춘은 아스라이 사라져
노을져가는 황혼을 보네
뜨거움으로 가득 찼던
그 세월은 어디에 있나

아~ 청춘이여 아~ 젊음이여
우리 이제 추억으로 가는가

지나갔던 스쳐 갔던 사람들
이젠 하나둘 떠나고
여운처럼 그림자만 남았네

외로운 인생이라
쓸쓸한 삶이라
말하지 마라
어차피 혼자가 아니었던가

외로운 내 영혼에
스치는 바람처럼
너의 이름을 되뇌다
잠이 든다

산다는 것은 그랬다

살면서 그랬다
어느 날 문득 잊혀졌던 기억들이
닭살 돋듯 불쑥 돋아나
내 머리를 어지럽힐 때가 있었다

그게 뭐라고
대수롭지 않게 넘겼던 일조차
죽은 세포가 살아나듯
한올 한올 살아났다

그게 뭘까
산다는 것은 그랬다
잊혀졌던 기억들이 살아나듯
죽을 것 같이 힘들었던 날들이 지나니
이제는 빙그레 웃는 날이듯

산다는 것은 그랬다

타인의 빈자리

삶의 노을을 타고
생의 어둠을 맞는
우리는 나그네

걷고 걷는 길 위에
우리는 타인이며
방랑자이다

불러도 대답 없는 목소리여
우리는
어느 길 위에 서 있는가

노을 지는 언덕을 넘어
어둠의 별을 따라
머나먼 길로
여행 떠나는 우리는 누구인가

어느덧 돌아보면
남은 건 빈자리뿐인 것을

마른 풀잎에 바람은

그대를 보내고
걷는 한 사람
사랑의 그림자
안개로 희미해지고
낯선 바람이
자리를 지킨다

너와 나의 가슴에
꽃 피우던 사랑이
오늘은
어디에서 숨을 쉬고
그 어디서 잠을 자나

알 수 없는 두 마음에
또 하루 멀어져 가고
빈 가슴에
꽃은 시들어
마른 풀잎에
바람이 스친다

마지막 인사

이것이 이별이라고
마지막 인사는 왜 하는가
그렇게 떠나면 될 것을

이것이 안녕이라고
마지막 미소는 왜 건네나
그렇게 돌아서면 될 것을

하늘은 저렇게 파란데
너는 왜 저 구름처럼
떠나는 걸까

떠난다는 그 말도
안녕이란 미소도
야속만 하여라

이제는 볼 수가 없네
안녕 안녕하며
떠난 사람아

또다시 부는 바람

오해와 갈등 속에서
꿈만 꾸던 날들이여
돌아보면 텅 빈 시간뿐
나 무엇을 위해 살아야 하나
시간은 지나 만 가는데

내일은 저 구름 속에
살고 있는 날들이여
쳐다보면 그저 바람뿐
나 무엇을 위해 살아야 하나
세월은 흘러만 가는데

떠나버린 시간은 사랑처럼
돌아오지 않고
쳐다보는 하늘은 구름만이
흘러만 가네

떠나오고 흘러가는 시간 속에서
우리의 내일을 걸어 보자
또다시 계절은 오고
멈추었던 바람 또다시 불어온다

우리 먼 날에

길고도 짧았던 인생이 종차여
홀연히 왔다가 떠나는 인생길
우리는 무엇으로 왔다가 떠나는가
내 삶과 생은 어디에 두었는지 모른 채
이렇게 바람처럼 떠나간다

생의 모든 것이 멈추었다
험하고 거칠었지만 가슴 한 켠에
따뜻한 그리움 한 움큼 남겨두고
고통을 잊은 채 나 돌아간다

슬퍼 말아라 그리워 말아라
훗날 우리는 그렇게 만날지니
만남과 이별을 반복하니
또다시 만남이 있지 않겠느냐

왔다가 가는 생이니
머물렀다 가는 삶이니
조금만 아파해라
조금만 눈물짓거라
우리 먼 날에 다시 만날지니…

아이와 별

검푸른 어둠의 하늘이 깔리우고
단잠 즐기던 아이들이
눈 비비며 고개를 빼꼼히 내민다

어느새 하늘을 집어 삼키듯
어둠은 그저 까만색으로 색칠되어지고
별은 세수를 하고 단장을 하고
밖으로 뛰쳐나와 자랑하듯
저마다의 반짝거림으로 온몸에 불을 밝힌다

그 별빛 아래 서 있는 한 아이
고개가 휘어지도록 어둠의 하늘을 쳐다본다
아이는 별들을 부르듯 탄성을 자아내고
별들은 그 아이에게 쏟아져 내릴 듯
빛을 반짝이며 아이의 눈동자에 맺힌다

아이는 속으로 생각한다
나는 저 별에서 왔을 거야
언젠가 나 저 별나라로 갈 거야라고
아이의 맑은 꿈처럼 저 별도 오늘밤
밝고 맑게 빛날 것이다

별은 아이였을까...

그것 하나

미치도록 사랑이 그리운 날
창으로 들어오는 뜨거운 햇살처럼
탐욕에 사로잡혀 쉴새 나는
숨결을 느끼고 싶다

세상의 복잡함도 훌훌 벗어놓고
오롯이 그 사랑에 빠져들고 싶다
내 뜨거운 심장이 쿵쿵쿵
요동을 치며 당신의 사랑을 느끼며
당신의 숨결 속에서 살고 싶다

오늘은 인간의 욕정 속에서
오롯이 당신의 살결을 느끼고 싶다
내 온몸이 내 가슴속 사랑이
당신을 부른다

오늘은 미친 사랑을 하고 싶다

뒤늦은 생각

푸른 바다가 배고팠을까
태양을 삼켜버렸다
물끄러미 창밖 내다보다
가로등 불빛이 모래사장을
비추고 있는 것을 알았다

난 무얼 하고 있었던가
멍청하게 바라만 보고 있었다
아무런 생각 없이
밀려왔다 떠나가는 파도 또한
내 눈에 들어와 있지 않았다

푸른 바다가 태양을 삼키고
뜨거움을 삼킨 뒤
속이 시커메서야 알았다

그때는 이미 늦었다는 걸...

이제야

내게로 오는 당신은 기쁨이며
내게로 오는 당신은 눈물입니다

뜨거운 가슴 벅찬 마음에
내 심장은 벌렁 이어 웃음 짓고
지나온 숱한 세월 속에
내 두 눈은 눈물을 짓습니다

수많은 꽃들이 피고 지고
숱한 잎들이 돋았다 떨어지고서야
이제야 당신을 봅니다

한없이 그리움에 파묻혀 멍울 짓고
수많은 생각 속에 파묻혀 고뇌하다
이제야 당신을 봅니다

삶 속에 그리운 당신
생 속에 보고픈 당신
이제야 당신이 내게로 옵니다.

그 사람

어둠에 별이 내리면
그 사람이 생각나
지금은 내 곁에 없는
그 사람이 생각나

사랑이라는 이유로
하염없는 눈물꽃을 피우고
사랑이라는 변명으로
가슴속에 남아있는 그 사람

이제는 멀어져
긴 시간 속에있는 사람
이제는 기억 속
저편에 서있는 사람

짧은 만남 속에
긴 시간 가슴속에
내게 남아있는
그 사람 그 사람.

너에게 가는 길

바람 따라가는 길이
너에게 가는 길일까

구름 따라가는 길이
너에게 가는 길일까

너에게로 가는 길이
이렇게 너무 좋은데

푸른 하늘 햇살 가득
너무나 이리 좋은데

들길에 피어난 꽃들이
향기를 뿌리고

바람이 불어와 향기를
날리고 있구나

널 향한 내 사랑
꿈같은 내 사랑 그대여

가슴속 가득한
소중한 숨 같은 사랑아

경포의 달빛

달빛에 물든 경포의 바다
부서지는 달빛이 가슴에 일면
그대가 내 맘에 들어오듯
저 달이 내 마음을 훔치네

별빛에 물든 경포의 바다
쏟아지는 별빛이 가슴에 일면
그대가 가슴에 들어오 듯
저 별이 내 가슴에 스미네

햇살이 비추면 은빛 물결 옷을 입고
바다에 달빛이 일렁이면 난 춤을 추네

경포가 물들어 가고
바다가 춤을 출 때
오늘 난 강릉행 기차를 타고
별빛이 부서져서 바다에 쏟아질 때
달빛 물든 경포로 간다

내리는 비처럼

그날처럼 비가 오고 그날에 네가 오듯이
그리움도 밤새 비처럼 이렇게 내리고 있어

잘 지내니 내 기억들 소중한 우리 시간들
내리는 비처럼 이렇게 기억이 내려

지나버린 지난날 사랑이
이제 모든 게 추억이 되어
뜨거웠던 우리 사랑
하나 둘 사라져 가고
남은 것은 비에 눈물만 가슴을 적신다

잘 지내니 내 기억들
소중한 우리 시간들
내리는 비처럼 이렇게 기억이 내려

지나버린 지난날 사랑이
이제 모든 게 추억이 되어
식어버린 찻잔처럼 우리는 식어 버렸고
빗소리에 너의 안부를
조용히 전해본다

안녕히 안녕히 인사를 하며

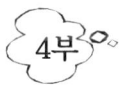

4부 겨울 마루

밤부터 시작된 찬기가
나를 삼키고 얼려버렸나 보다
멍한 기운에 잠이 온다
새들의 아침 노래도 끊긴
나의 하루가 긴 잠을 청한다

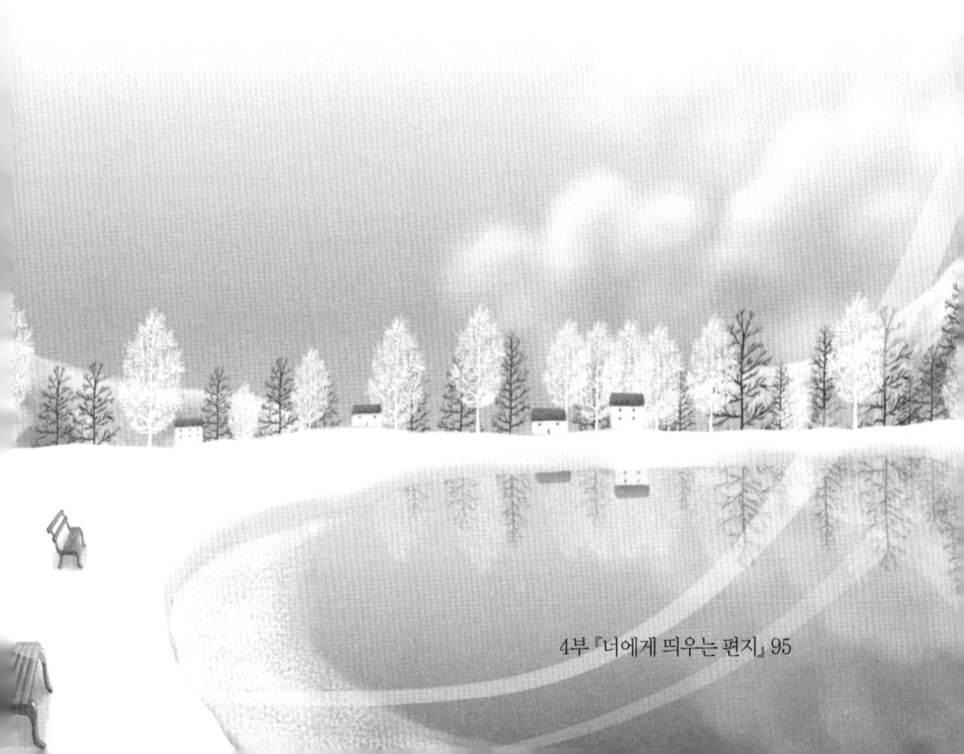

겨울 마루

거실 마룻바닥이
밤새 추위에 떨었나 보다
맨발이 내 온기를 뺏어 간다
발바닥에서 점점 무릎으로
무릎에서 위로 위로

창가에 비치던 햇살은
어느 빌딩 사이 숨어 버렸나
흐린 하늘만 덩그러니 남아있고
찬기를 뿜어낸 바람이
툭툭 창가를 두드린다

플레이어에 재생되던
노래도 툭 끊겼다
어느새 몸이 굳었을까
손 뻗으면 닿을 곳이지만
그냥 내버려 둔다

밤부터 시작된 찬기가
나를 삼키고 얼려버렸나 보다
멍한 기운에 잠이 온다
새들의 아침 노래도 끊긴
나의 하루가 긴 잠을 청한다

눈물로 안녕

나의 시는 노래되어
새벽 별이 되었고
너의 모습 비가 되어
가슴 적시는 눈물 되었네

막막한 어둠에
숨 막히는 그리움은
눈물로 흐르지만
나는 아무것도 할 수가 없어요

써 내려간 나의 노래는
바람 따라 가버리고
가슴에 남은 것은
눈물꽃이어라

내가 부르던 노래
다시 시가 되리니
그대 다시 돌아올 수 없나요

대답 없는 메아리 속에
지워지는 날들이여
이제는 눈물로 안녕

등을 기대는 밤

깊은 밤
어둠을 기다렸던 영혼
켜켜이 묵혀있던 먼지
바람에 일어나며
먼 우주 공간 속
여행을 시작한다

매듭도 못 푼 채
까만 공기 속을
이리저리 날아다니다
제풀에 지쳐
내려앉았던 회색빛 기억들

산 것도 아닌 죽은 것도 아닌
웃음기 빼고 눈물기 빼낸
초점 잃은 눈빛이
한구석에 고개만 숙이고 있다

잔인한 생에 등을 기대는 밤
넌 어디로 갈 거니

길 떠나는 가을

저 멀리
희미해진 기억들
다시 떠오를 때면
창가로 스쳐 가는
바람 소리뿐

보일까 들려질까
아련한 너의 모습
이제는 보이지 않아

모든 것이 떠나고
비어버린 내 가슴
무엇으로 채울까

가버린 슬픔에
오늘도 너를 찾지만
너는 어디에도 없구나

가을은
바람에 뒹구는
낙엽으로 말을 대신하며
쓸쓸히 먼 길 떠났네

내게 오세요

바람의 길로 널 부르니
내게 오세요
꽃으로 가득한 이 길로
내게 오세요

그대 그리워지고
바람 쓸쓸해지는 날
내게 오세요

한숨 쌓여 있는
동산을 지나
눈물 가득 고인
웅덩이 지나

꽃으로 가득한
바람의 길

그대 그리워지고
바람 쓸쓸해지는 날
내게 오세요

못난 가슴이 비를 맞아요

사랑이 갔어요
비가 내려요

못 난 가슴이 비를 맞아요
흘러내리는 이것은
빗물인지 눈물인지
알 수가 없어요

떠나갔나요 왜 떠나갔나요
알 수 없는 질문만
자꾸 묻네요

이젠 지워야 하는데
이젠 잊어야 하는데
이렇게 비가 내리면
그대 생각이 나요

사랑이 가고 비가 내려요
그대 기억이 내려요

못난 가슴이 비를 맞아요

걷는 밤

바람이 잠을 잔다
꽃들도 잠을 잔다

세상에 고요함이 남아
모든 것을 재우고
나 혼자 깨어
방황의 그림자를 만들어 간다

밤새 내리던 비가 멈췄다
힘들었을까
밤새 비추던 별도 사라졌다
어디 갔을까

지친 영혼 잠을 깨고
모든 것이 사라지고
남은 것은 어둠뿐

새벽길 걷는 밤
걷는다
한 발짝 걸어본다

너도 같이 걸을래

가을은

한 남자가 가을을 걷는다
바람에 흔들거리며
걷는 걸음걸음마다
눈물 자욱이다

한 여자가 가을 속으로 들어온다
코스모스처럼 한들한들
걷는 걸음걸음마다
꽃잎처럼 미소 짓는다

가을은 사랑이다
가을은 아픔이다

그 남자의 눈물 속에
한 여인의 웃음 속에
꽃이 피고 낙엽이 진다

가을은
꽃잎 속으로
떨어지는 낙엽이다

외로움이 외로워

까맣게 지워지는 너의 시간들
추억도 아스라이 사라져 가고
나 홀로 남아있는 나의 공간엔
썩지 않는 먼지뿐이여

조그만 거울 속에 비친 내 모습
초라한 눈동자만 남겨져 있고
외로운 시간 속에 너의 그리움
허공으로 흩어져 가네

지나버린 시간은 꿈이있나
내겐 아무 소용이 없어
뒤돌아 가던 그림자만이
머릿속을 맴돌아 가고
발길은 떠돌다 다시 그 자리에
멈춰 서버리네

나는 너를 추억하지만
외로움은 끝이 없어
외로움이 외로워
그리움 떠나보내지 못해

빈 술잔의 입맞춤으로
흩어지는 그리움을 안는다

별을 찾아서

어둠이 밀려오고 밀려가는 밤
새벽은 그렇게 흩어지는데
저 높은 하늘 까만 밤사이로
구름 뒤에 숨은 별을 찾아
바람으로 나선다

어디로 가야 볼 수 있나
어디를 가야 찾을 수 있나
떠난 내님처럼 보이지 않네

그 밤에 그대와 부르던 노래
나 혼자 부르며
이리저리 둘러보지만
빗물만이 내 얼굴 적시며
그렇게 밤은 깊어가네

빗소리 멀어지고
떠난 사람 돌아오지 않고
부르던 노래 가슴에 묻으며
바람으로 사랑 찾아
별을 찾아 길 떠나네

날 위한 기도

어둠에 달빛이
바람의 그네를 타고
그림자 길어질 때

낯선 바람
가던 길 멈춰 세워
어두운 하늘 마주한다

달아난 꿈들은
어느 별로 반짝일런가
흐릿한 눈으로 응시하다

도망친 그 계절에
그곳에 서 있기를 애원하던
마르지 않는 내 슬픔아

흩어진 꿈들 부여잡고
기도의 눈으로 쉬려 한다
날 위한 기도...

오늘

우뚝 서있는 아파트들 사이로
어둠은 아직 갈 길을 정하지 못한 채
그렇게 우왕좌왕하고 있다

저 멀리 보이는 붉은빛은
건물들 사이를 비집고 기어오른다
내 작은 가슴속 어디쯤에서부터
서서히 욕망의 불 꽃으로
타오르고 있는 것처럼 말이다

어둠은 빛 속으로 바람을 타고
떠날 채비를 마치고 갈 길이 정해진
것처럼 서서히 떠나고 있다

틈 사이 빛은 집어삼킬 듯이
벽을 타고 내 심장을 타고 치솟는다
오늘이란 시간이다
다시 그 빛 속에서 꿈을 꾸는 오늘
바람이 살랑인다

바람에 실려온 구름은

너의 얘기 바람에 들려올까
너의 사랑 구름에 실려 올까

파란 하늘 바람 불어
구름 오면

어느 길에
서 있어야 하나
어느 곳에 손들어야 하나

불어온 바람
기다려 달라 말하며
저 멀리 구름이 내게로 오네

따스한 오후
햇살에 잠을 자고
저 하얀 구름 내 마음 덮을 때

바람이 살랑살랑
내 사랑 간지럽히며
흰 구름 내 마음 덮고 잠을 잔다

그대 오시겠지

한 자락 바람이 불어
내 옷깃을 스치고
한 자락 바람이 불어
꽃잎들이 춤추네

저 고개 넘어 떠난 임
오늘은 내게 오시겠지
저 언덕 넘어 가신임
오늘은 내게 오시겠지

바람 불면 바람에 소식 전하고
비가 오면 빗소리에 소식 전하며
길고 긴 밤 옷자락에 그대 그리움
닦고 적셔가며 기다리네

오시겠지 오늘은 오시겠지
하늘빛이 고운 오늘은 오시겠지
오시겠지 오늘은 오시겠지
바람 고운 오늘 그대는 오시겠지

안녕

잠을 잤을까
머나먼 기억들
꿈을 꿨을까
흐릿한 기억들

외면했던 눈물은
내 가슴속에서
깊은 잠을 잤었고

너로 인한 그 눈물
토하듯 꺼내어
어둠 속에 쏟는다

아무렇지 않아 괜찮을 거야
그렇게 다짐하던 나는 어디에

나는 어디에 다시 바람이 일 듯
하루는 시작되고 또 하루가 저물고

널 위해 흘리던 눈물
이젠 안녕이야

안녕

좋은 날에

햇살이 좋은 아침에
너의 노래 들으며 "널 생각해"

바람이 좋은 거리에
너의 모습이 있어
좋은 날이야

햇살 사이 부는 바람이
너의 목소리 같아
설레는 이 마음
어떡해야 하나

좋은 날, 이렇게 좋은 날에
널 만난다는 게 "너무 행복해"

좋은 날
햇살이 좋아, 바람이 좋아

내 가슴 설레게 하는
네가 있어
더 좋은 날이야

숨같은 사랑

눈물로 피는 꽃이어
이제는 그리워 말아요

달빛에 피는 꽃이여
그대는 사랑입니다

꽃잎은 사랑인 것을
달빛은 눈물인 것을

아.. 사랑이여
내 숨 같은 사랑이여
언제 내게 오려나

한 번만 단 한 번만이라도
그대 볼 수 있으려나

애타는 이 가슴은
눈물로 꽃이 핀다네

소녀야

살랑이는 바람이
가슴에 불어오면은
너와 나 걷던 그 길에
한 송이 꽃이 핀다네

마냥 수줍던 아이
내 사랑 소녀야
지금은 어디로 가고
내 가슴엔 바람만이

긴 머리 바람결
볼을 스쳐 지나가는데
저 먼 하늘 아래
소녀는 어디 있을까

살랑이는 바람이 불면
네가 생각이나
그리운 맘 내 가슴속
나의 소녀야

나는 나일 뿐

낮달 걸린 하늘에
한 점 바람이 지나고
호수 위 물결은
바람을 좇아간다

생각 없이 바라본 하늘은
그저 나를 내려다볼 뿐
그 하늘 아래 나는
아무 생각이 없네

비워내고 남은 것은
허무함에 가라앉은
찌꺼기뿐인 것을

하늘은 그저 하늘이고
나는 나일뿐인 것을

뱉은 한숨아
바람에 흩어지거라
내 가슴 시원하게

사랑은 눈물

따뜻한 사랑에 눈물
행복한 마음에 눈물
그대는 내 눈물입니다

아픈 사랑에 눈물
애타는 마음에 눈물
그대는 내 눈물입니다

쓸쓸한 사랑에 눈물
외로운 마음에 눈물
그대는 눈물입니다

그대를 사랑하는 내 가슴이
눈물 같아 아파요
그대를 바라보는 내 마음이
눈물 같아 아파요

행복함으로 눈물이 나는 건
얼마든지 괜찮아요
아픔으로만 내게 오지 마요
떨어지는 저 꽃잎처럼
떨어지는 저 낙엽처럼

코스모스

바람이 갉아먹고 갔나
꽃잎 이빨 자국 남기고
바람이 쓰다듬고 갔나
동그랗게 만들어 놓고

누굴 그리도 하얀 마음으로
사랑하다 붉게 물들었을까
계절이 전해주는 바람 따라
살랑거리며 춤을 춘다

푸른 마음의 줄기 따라
하얀색으로 채색되어
보라색으로 물든 꽃잎에
노랑나비 한 마리 내려앉는다
그 님 따라 너울너울
춤을 추고 싶나 보구나

하늘은 꿈처럼 푸르고
마음은 하얗게 채색되어
보라로 계절이 지나간다

너도 때로는

너도 때로는 내 마음인가 보다
혼자이고 플 때
기다리고 싶을 때

너도 때로는 내 마음인가 보다
관심받고 싶을 때
느끼고 싶을 때

너도 때로는 내 마음인가 보다
귀찮을 때
보고플 때

우린 그렇게 그 마음인가 보다
서로가 같은 마음
너도 나와 같은 마음인가 보다

소리의 꿈

어둠 내린 창밖 풍경으로
빗물이 주르르 흐른다
고뇌에 가득 찬 기운이
바닥으로 흘러가고
외로움이란 녀석이 기어오른다

팽팽히 감긴 나일론 줄
한음 한음 뜯기는 소리
어둠을 한 올 한 올 벗겨내어
내일의 밝은 하늘을 보려는 듯
소리는 애절함 속에서
밝은 꿈을 담아낸다

누가 그렸을까
이 어둠을 누가 꿈꾸는가
이 소리를

선율은 안단테로 그렇게
어둠에 내리고 빗속으로
젖어든다
내일을 꿈꾸며…

바다 오늘은

사랑의 끝자락에서
하늘은 멍울 짓고
바다는 멍들어 있다

철썩이는 파도에 하늘은 울고
내 가슴 흐느낄 때
꿈꾸는 하늘은
푸르름에 젖었다가
꿈을 잃은 아이처럼
상실감에 젖어
마냥 서럽게 눈물을 쏟아낸다

파도는 소리 없는 울음으로
철썩일 뿐이다

하늘이시여

하얀 겨울 아침에
햇살이 창을 비출 때
삶에 지쳐 곤히 잠든 그대를 보았죠

머리카락 쓸어 올리며
나도 모르게 눈시울이 붉어져
내 작은 이 가슴이 울컥울컥하네요

무엇하나 해준 게 없고
그 사랑받기만 했는데
미안한 마음만이 늘어만 갑니다

하늘이여 하늘이시여
어느 날 천상에 돌아간대도
이 사람 사랑하게 해 줘요
못 다 준 사랑 줄 수 있도록

내가 받은 사랑보다
더 사랑할 수 있도록
당신을 사랑합니다

빨랫줄

세상에 끊어지지 않는
빨랫줄이 있다면
너와 나의 관계는 그런
빨랫줄이 되고 싶다

마당 한 곳에서 양쪽으로 매어져
바람과 계절을 맞이하며
별과 눈과 비를 맞이하며
햇살 가득 담긴 하늘을
맞이하고 싶다

세월 속 흐름에 무거운 이불 같은
무게감이 전해진다면
쳐져 있기도 하고
수건 같은 것이 걸리면
나풀나풀 춤을 추기도 하며
그렇게 나는 너와
빨랫줄이 되고 싶다

끝과 끝이 서로 만나지는 못해도
서로 이어주는 그런
빨랫줄이 되고 싶다

가을날 아침

지난밤 바람이 쓸어다 놓은 걸까
마당 한 곳에 가을이 놓여 있다

감나무 아래 울긋불긋
은행나무 아래 노오란 색들
간간히 푸른 잎들마저 어울려
한바탕 놀았나 보다

새벽 깊은 잠에 빠져
머나먼 곳으로 나 여행할 때
나만 빼놓고 자기들끼리 어울려
바람이 들려주는 음악에
별들과 달빛의 조명에 몸을 맡기며 놀았나 보다

가을 그 누가 가을이라 지었을까
오색의 물감으로 내 마음마저
물들이는 이 감성의 계절
눈뜬 어느 가을날의 아침
하늘이 높다랗게 푸르다

가을은 하늘의 높이에 맞춰
더 깊이 익어가고 깊어만 간다

길

님 따라가는 이 길이
계절따라 가는 이 길이
내가 가던 길일까

빗물 따라 흐르는 이 길이
눈물 따라 흐르는 이 길이
님 따라가던 길일까

이 계절 끝자락에 비는 내리고
빗물 따라 흐르는 눈물도 내리네
시간과 계절은 멈출 줄 모르고
내 님의 기억도 끊이지 않네

회색빛 하늘은 내 마음 닮아
계절에 그리운 마음을 더하네

이방인의 방

낮달 걸렸던 하늘은
어디로 떠났나
바람이 데려갔나
노을이 업어 버렸나

시큰둥하던 저녁은
숟가락을 놓고 떠났고
날개 달은 어둠이
세상을 날고 있구나

바다를 건너온 바람
재를 넘지 못하고
미끄러져 기운을 빼고
별의 마을에 기대어 쉴 때

새벽을 건너온 고양이
담장을 넘는다
가로등도 못 본채
눈을 감고 잠이 드는 밤

우리는 이방인의 방에
노크를 한다

당신의 노래

바람 소리에 들려오는 얘기는
당신의 이야기인가요
빗소리에 전해오는 얘기는
당신의 추억이던가요

이 밤 당신의 얘기가
바람결에 전해오며
추억이 되어 내립니다

노래하세요 당신의 노래를
들려주세요 당신의 얘기를
이 밤이 새도록 들려주세요
당신의 사랑 노래를

바람이 전해오는 가사에
빗소리에 들려오는 멜로디로
이 밤 노래 하세요
당신의 삶의 얘기를

밤비 같은 사랑

그대 생각만 하면 눈물이 날까
햇살은 이렇게 따스한데
그대 바라만 보면 웃음이 날까
밤비가 촉촉이 내리는데

햇살은 봄처럼 머물러도
내 사랑 그대 없기에 눈물이 나요
밤비가 소리 없이 내려도
나 그대 곁에 있기에 웃음이 나요

그대는 아침 창가로 비치는
따사로운 햇살 같아요
그대는 소리 없이 내리는
가슴속의 밤비 같아요

그대여 햇살 같은 내 눈물이여
그대여 밤비 같은 내 사랑이여
그대는 나의 소중한 사랑
그대는 나의 행복한 사랑

그대는 햇살 좋은 날
밤비로 내린다

바람이 분다

몰랐다
빈 들녘에 바람이 부는지
몰랐었다
빈 가슴에 눈물이 내리는지
숱한 기억들이
바람에 쓸려 빈들녘이 될 때까지
나는 몰랐다

어쩌면
생각하기 싫어서
그 자리에 멈춰
서 있었던 것인지도 모른다

세월의 흐름에
지워지고 잊혀지나 보다
삶과 인생의 어디쯤에서
지난 기억이 비워지나 보다

여전히 바람은 분다
텅 빈 들녘에
비어있는 가슴에
바람이 분다

최남섭 시집

바람의 길을 걷다

지은이 | 최남섭
펴낸이 | 전진옥
디자인 | 다온애드
펴낸곳 | 도서출판 다온애드

초판일 | 1쇄 2024년 7월 25일
발행일 | 1쇄 2024년 7월 25일
주　　소 | 인천광역시 남동구 벽돌말로 8(간석4동 573-11)
전　　화 | 032) 203-6865　팩스 032) 426-7795
메　　일 | jinok2224@hanmail.net

판　형 | 신국판
등　록 | 제2013-000008호
ISBN | 979-11-89406-34-9(03800)
책　값 | 13,000원

좋은 책을 읽는 것은 성공을 위한 밑거름이다.

◦저자와의 협의에 따라 인지는 생략합니다
◦본 간행물은 전국 서점 교보문고에서 구매할 수 있습니다
◦잘못된 책은 출판사 다온애드에서 교환해 드립니다.